Carlos Nuñez Mercado

Ensinar dispositivos coesivos em salas de aula de EFL para um teste de expressão oral B2

Carlos Nuñez Mercado

Ensinar dispositivos coesivos em salas de aula de EFL para um teste de expressão oral B2

O uso de dispositivos coesivos na habilidade de falar

ScienciaScripts

Imprint

Cover image: www.ingimage.com

This book is a translation from the original published under ISBN 978-3-659-57604-1.

Publisher:
Sciencia Scripts
is a trademark of
Dodo Books Indian Ocean Ltd. and OmniScriptum S.R.L publishing group

120 High Road, East Finchley, London, N2 9ED, United Kingdom
Str. Armeneasca 28/1, office 1, Chisinau MD-2012, Republic of Moldova, Europe
Printed at: see last page
ISBN: 978-620-7-98432-9

Resumo

Esta investigação-ação relata um estudo realizado numa escola secundária privada situada no sudeste do México. O objetivo era melhorar o desempenho dos alunos num teste de língua B2 através do reconhecimento de dispositivos coesivos aditivo-adversativos *(enquanto, ao passo que, no entanto, por outro lado).* Para o efeito, foi implementado um plano de ação num grupo de 16 alunos inscritos num curso de língua B2. Para avaliar o plano de ação, foram realizados testes pré e pós-fala, bem como entrevistas semiestruturadas. Os resultados do pós-teste mostraram que a maioria dos participantes melhorou em termos de fluência e coerência. Além disso, durante as entrevistas, alguns alunos concordaram que os dispositivos coesivos visados foram úteis na organização do seu discurso oral. Os resultados do estudo contribuem para a literatura atual sobre o ensino de dispositivos coesivos ou marcadores discursivos de forma explícita nas salas de aula de línguas estrangeiras.

ÍNDICE DE CONTEÚDOS:

CAPÍTULO 1

Introdução

Atualmente, o inglês tornou-se a língua essencial para comunicar com pessoas de todo o mundo. Consequentemente,

> ... a necessidade de dominar a fala em inglês tem vindo a aumentar drasticamente devido ao reforço da posição do inglês como língua de comunicação internacional
>
> (Nazara, 2011,p. 29)

Ser capaz de exprimir opiniões, pensamentos ou ideias na forma oral da língua é o resultado que a maioria dos aprendentes de línguas pretende alcançar. Por conseguinte, para muitos destes aprendentes de línguas, é necessário medir o desenvolvimento da sua capacidade de expressão oral. Quer seja por razões escolares ou de entrada no mercado de trabalho, entre outras, os testes padronizados tornaram-se uma das formas mais aceites de validar este processo. Como afirma Taylor (2003), um "teste de expressão oral presencial [...] é geralmente reconhecido como um dos pontos fortes da nossa abordagem (Cambridge ESOL) para testar o inglês dos alunos" (p.2). Assim, pode argumentar-se que este tipo de teste padronizado é validado como forma de estabelecer o nível de proficiência oral na língua.

A preparação para exames é também uma forma útil de melhorar a proficiência oral dos alunos de EFL. De acordo com Taylor (2003), as capacidades que um falante proficiente de L2 deve demonstrar são

> ... um vasto repertório de léxico e gramática para permitir a construção flexível, adequada e precisa de enunciados em "tempo real", um conjunto de procedimentos estabelecidos para a pronúncia e um conjunto de "pedaços" de língua estabelecidos, que permitirão um desempenho fluente
>
> (P- 2)

Tendo em conta todas estas caraterísticas, pode argumentar-se que o objetivo dos professores de inglês é que os alunos atinjam estas capacidades tanto quanto possível.

Tem sido dada muita atenção ao ensino do vocabulário e da gramática aos estudantes de línguas estrangeiras, para que melhorem a sua capacidade de falar, quer em termos de fluência, quer de precisão. De facto, há muita investigação empírica que se debruça sobre este assunto. No entanto, há poucos estudos sobre o uso de marcadores discursivos ou dispositivos coesivos que um falante de língua estrangeira emprega. Assim, este tópico tem adquirido um interesse crescente (Asik & Cephe, 2013). É importante que os professores de EFL prestem atenção a esta caraterística da língua devido ao facto de a principal função dos marcadores discursivos ser "manter a coerência do discurso e ajudar os ouvintes a coordenar o seu caminho através dos textos falados" (Jones, 2011, p. 31). Assim, o ensino de dispositivos coesivos ou marcadores discursivos pode melhorar a organização do discurso falado dos alunos, para que estes ganhem fluência de uma forma consistente.

1.1 Contexto

Este estudo teve lugar numa escola secundária privada no sudeste do México, que também tem uma escola secundária no mesmo edifício. A escola secundária oferece três cursos de inglês: iniciação, intermédio e avançado, nos quais os alunos do primeiro e segundo anos são colocados de acordo com o seu nível de inglês. O estudo foi efectuado no curso avançado. A disciplina de inglês faz parte do currículo, o que significa que os alunos recebem uma nota no seu boletim escolar. Basicamente, o programa baseia-se no livro do curso, que era o manual Life Upper Intermediate publicado pela National Geographic, e talvez algum material extra ou actividades fornecidas pelo professor. Os alunos têm aulas de inglês cinco vezes por semana e cada aula tem a duração de 50 minutos. A sala de aula tem um projetor digital, um leitor de CD/MP3, altifalantes e espaço suficiente para organizar actividades individuais ou de equipa. Recentemente, a escola secundária celebrou um acordo com uma escola de línguas que oferece certificados ESOL de Cambridge. O acordo consiste em enviar pelo menos oito alunos por ano para fazer um exame de certificação. Embora nem todos os alunos façam um exame Cambridge ESOL, todos têm de receber a mesma preparação. Por conseguinte, as avaliações baseiam-se em testes práticos para este tipo de certificações linguísticas que consistem em leitura, compreensão oral, escrita e utilização do inglês; no entanto, a parte oral é avaliada através de uma apresentação oral no final do curso.

1.2 Participantes

A turma era constituída por 16 alunos com idades compreendidas entre os 15 e os 17 anos. Havia sete rapazes e nove raparigas. De um modo geral, os alunos mostraram uma atitude positiva em relação à aprendizagem do inglês. A maioria deles (13: cinco rapazes e oito raparigas) provinha de um liceu bilingue privado, mas o nível de inglês que tinham adquirido variava. Os restantes dois rapazes vieram da mesma escola onde o estudo foi realizado e uma rapariga veio de outra escola secundária, conhecida por ter um programa de inglês de alta qualidade. No início do período letivo, realizei um teste de colocação baseado no Quadro Europeu Comum de Referência. Os resultados dos alunos indicaram que: um aluno tinha um nível C1, cinco alunos um nível B2 e dez alunos um nível B1.

1.3 Descrição geral do problema

No início deste curso, reparei que parecia haver um problema geral com a capacidade de expressão oral dos meus alunos. Tive esta impressão devido ao seu desempenho durante as aulas com as actividades do livro relacionadas com a expressão oral. Isto não era inesperado, uma vez que no curso anterior que lhes tinha dado, nos tínhamos concentrado mais no desenvolvimento das outras competências: leitura, escrita, audição, bem como gramática e vocabulário. Por conseguinte, o seu desenvolvimento nestas competências era efetivamente visível quando comparado com o seu nível linguístico inicial. A competência oral, no entanto, não parecia estar tão desenvolvida como as outras, particularmente no caso de quatro dos cinco alunos do nível B2, três dos quais já tinham feito o exame FCE. Os alunos do nível B1 também não parecem estar a atingir o nível B2 que se espera deles em termos desta competência.

1.4 Objectivos

O objetivo do presente estudo era, em primeiro lugar, descobrir a natureza do problema relativo às competências orais dos alunos. Este foi reduzido à necessidade de ensinar os alunos a utilizar os dispositivos coesivos aditivo-adversativos (while, whereas, on the other hand, and however) para melhorar o desempenho dos alunos na parte 2 (long turn) do teste de expressão oral do FCEr, utilizando dispositivos coesivos mais complexos do que os que já utilizavam.

1.5 Questões de investigação

Esta investigação-ação procurou responder às seguintes questões:

1) Quais são as necessidades de melhoria dos alunos no que diz respeito à sua competência oral num exame de nível B2?
2) Como e em que medida podem os alunos melhorar a sua utilização dos dispositivos coesivos na competência oral?

1.6 Mapa do relatório de investigação

O presente documento contém cinco capítulos. No primeiro capítulo, é dada uma explicação sobre a importância de falar nos dias de hoje. De seguida, apresenta-se um retrato do cenário, bem como a descrição dos participantes neste estudo. Além disso, é apresentada uma explicação geral do problema. Por último, são abordados e explicados os objectivos.

No segundo capítulo, é abordada e discutida a literatura relativa à competência linguística oral. Em seguida, descreve-se uma análise da secção de expressão oral do exame FCE. Além disso, são discutidas várias classificações dos dispositivos coesivos de diferentes autores, de modo a classificá-los para efeitos deste estudo. Finalmente, são abordados alguns métodos diferentes para os ensinar.

No terceiro capítulo, é apresentada uma definição pormenorizada da investigação-ação. Em seguida, são explicados os métodos de investigação utilizados durante a investigação inicial: diário, questionário e gravações áudio. Após a análise dos dados fornecidos por estes métodos de recolha de dados, foi identificado um problema. Consequentemente, foi concebido um plano de ação para resolver este problema, que consistia no facto de a maioria dos alunos utilizar dispositivos coesivos básicos num teste de expressão oral B2. Este capítulo termina com uma explicação exaustiva das estratégias que foram utilizadas durante a implementação do plano de ação.

O Capítulo 4 apresenta os resultados deste estudo. Os dados recolhidos a partir dos instrumentos utilizados foram analisados e categorizados de acordo com as respostas dos alunos à entrevista, os resultados do pós-teste e a lista de verificação de observação. Consequentemente, foi efectuada uma triangulação entre os três instrumentos utilizados, por exemplo, as respostas dos alunos à entrevista e os seus desempenhos orais. Além disso, é apresentada uma comparação entre o pré e o pós-teste relativamente aos dispositivos coesivos que os alunos utilizaram.

O capítulo 5 descreve o processo geral desta investigação, ou seja, a forma como o problema foi identificado e abordado. Também analisa a forma como o ensino dos dispositivos coesivos na competência oral dos alunos afecta o seu desempenho no teste e a importância de os ensinar numa abordagem explícita. Por fim, é proposto um segundo ciclo como forma de continuar a melhorar a minha prática como professora.

CAPÍTULO 2

A importância de ensinar os dispositivos de coesão na preparação para os testes de expressão oral

Este capítulo apresenta uma revisão da literatura sobre as questões estreitamente relacionadas com o tema da investigação. Em primeiro lugar, descreve o que é a expressão oral e apresenta as funções que esta competência tem nas salas de aula de línguas. De seguida, discute-se brevemente o que envolve a avaliação da expressão oral e faz-se uma revisão de estudos anteriores a este respeito.

De seguida, apresenta-se uma visão geral do First Certificate of English (FCE) do Cambridge Examination, seguida de uma descrição detalhada do teste de expressão oral do FCE. Por fim, apresenta uma classificação dos dispositivos coesivos com base em diferentes quadros de referência e discute alguma investigação empírica sobre a forma de os ensinar.

2.1 Falar

A expressão oral é um dos factores mais importantes na aprendizagem de uma língua estrangeira. Na verdade, esta competência é considerada pelos estudantes de línguas como a que normalmente determina a eficácia de um curso de línguas. Ou seja, quanto mais os alunos sentirem que estão a melhorar a sua proficiência na língua falada, mais bem sucedidos considerarão um curso de inglês (Febriyanti, 2011; Nazara, 2011; Richards, 2008). No entanto, a expressão oral é vista como uma das "competências mais complexas e difíceis de dominar" (Hinkel, 2005, p. 485 in Nazara, 2011, p. 29).

Antes de mais, é necessário compreender o que é, de facto, *falar*. De acordo com Nunan (1999, p. 216, in Febriyanti, 2011), falar é "um processo interativo de construção de significado que envolve a produção, a receção e o processamento de informação" (p. 3).

Além disso, Thornbury (2005, in Nazara, 2011) afirma que a oralidade não engloba apenas enunciados verbais, mas também caraterísticas paralinguísticas como o contacto visual, as expressões faciais, a linguagem corporal, as mudanças na qualidade da voz e a variação do tom, entre outras, que têm impacto nas conversas diárias das pessoas. Além disso, "a complexidade de aprender a falar noutra língua reflecte-se no leque e no tipo de subcompetências que estão implicadas na produção oral em L2" (idem, p. 114), de modo a conseguir comunicar.

Como se pode ver, a fala envolve uma grande variedade de caraterísticas; no entanto, para compreender como estas podem ocorrer nas salas de aula de línguas, Brown e Yule (1983, idem, p. 21) defendem que existem dois tipos de funções na fala, ou seja, *interaccional* e *transacional*. Com base nestas funções, Richards (2008) refere-se a: *discurso como interação, discurso como transação e discurso como desempenho*. O quadro seguinte resume o que estas funções englobam.

Talk as interaction	Talk as transaction	Talk as performance
Conversations that serve a primarily social function such as greetings, sharing experiences, engage in small talk. Some aspects that may involve: • *Formal or casual,* • *Uses conversational register and conventions* • *Jointly constructed* • *Degrees of politeness*	Situations where the focus is on what is said or done. Some aspects that may be involved are: • *Message: clearly and accurately* • *Describing something* • *Asking questions and justifying an opinion* • *Making comparisons* • *Agreeing and disagreeing*	Tends to be in the form of a monologue rather than a dialogue. Some aspects that may be involved are: • *Closer to written language than conversational language* • *Giving a lecture or a speech of welcome* • *Conducting a class debate* • *Importance of both form and accuracy* • *Using correct pronunciation and grammar, appropriate vocabulary*

Tabela 1: Tabela de Funções de Fala (Baseado em Richards, 2008)

Por conseguinte, pode concluir-se que os alunos, durante um curso de língua inglesa, precisam de ser capazes de gerir estas funções de oralidade. Por exemplo, por vezes, é-lhes pedido que façam uma apresentação sobre determinados temas, como a poluição ou a tecnologia e os gadgets. Neste caso, os alunos precisam de ser capazes de gerir a função *de fala como desempenho.* Outro exemplo que ocorre nas salas de aula de línguas é que nos manuais há sempre exemplos de conversas, tais como *dramatizações,* e também é pedido aos alunos que trabalhem em pares para realizar uma conversa sobre partilha de experiências, etc. Aqui, a função necessária seria a *conversa como interação.* Por último, há algumas actividades em que os alunos são convidados a descrever imagens e também a realizar uma discussão em que têm de justificar o seu ponto de vista e concordar ou discordar dos seus colegas. Estas actividades partilham as caraterísticas do *diálogo como transação.*

Tanto *a conversação* como *interação como a conversação como transação* também podem ser encontradas nos testes de língua falada de Cambridge ESOL. Por exemplo, a Parte 2 do FCE (First Certificate in English) centra-se na descrição e comparação de duas fotografias e, na Parte 3, pede-se aos candidatos que discutam um tópico interagindo com o seu parceiro. Numa secção seguinte, o teste de expressão oral do FCE Cambridge é descrito com mais pormenor.

2.2 O teste Cambridge FCE: Visão geral

A maior parte da investigação relativa à avaliação da competência de expressão oral está relacionada com a validação de testes de expressão oral. Por isso, é importante salientar que o objetivo deste estudo não é validar um teste de expressão oral, mas sim melhorar o desempenho dos alunos numa das secções do teste de expressão oral do FCE, através de um curso adaptado para os preparar para este teste.

O Cambridge FCE é direcionado para o nível B2, tendo em conta a escala do QECR (Quadro Europeu Comum de Referência). O teste FCE é composto por quatro secções. Cada secção tem um limite de tempo específico para ser realizada. As secções são: *Reading and Use of English (1 hora e 15 minutos), Writing (1 hora e 30 minutos), Listening* (40 minutos) e *Speaking (14 minutos)* (FCE: Handbook for Teachers, 2015). Para efeitos da presente investigação, nesta secção, é apresentada apenas uma descrição geral do teste Cambridge FCE no que respeita à expressão oral. Em vez de se centrar no formato do teste, ou seja, na descrição do número e do tipo de itens que o teste contém, esta secção dá ênfase ao que se espera que os candidatos saibam. No entanto, algumas secções são descritas com mais pormenor, por ser essencial para compreender o que a secção está a avaliar.

2.2.1 Teste de Expressão Oral de Cambridge FCE

O teste de expressão oral do Cambridge FCE tem quatro secções. A Parte 1 consiste numa entrevista entre dois candidatos e o interlocutor. O interlocutor faz perguntas a cada um dos participantes para testar "a capacidade dos candidatos de usar linguagem social e interactiva" (FCE: Handbook for Teachers, 2015, p. 72). As perguntas são sobre o trabalho, os tempos livres e os planos para o futuro.

Na Parte 2, designada por *"long turn"*, os candidatos recebem um folheto que contém duas fotografias e duas perguntas. É-lhes pedido que comparem duas fotografias, dizendo as semelhanças e as diferenças entre elas, e que respondam às perguntas de forma organizada e coerente. De acordo com o FCE: Handbook for Teachers (2015), nesta parte do teste,

> ... os candidatos têm a oportunidade de mostrar a sua capacidade de organizar os seus pensamentos e ideias e de se exprimir de forma coerente com uma linguagem adequada
>
> (p. 72)

Finalmente, depois de um dos candidatos ter terminado a sua vez, o outro candidato tem de responder a uma pergunta sobre as fotografias.

Na parte 3, designada por *tarefa de colaboração,* os candidatos "recebem uma pergunta para discussão, juntamente com cinco sugestões escritas destinadas a ajudar os candidatos, fornecendo ideias para a sua discussão" (Ibid, p. 72). Durante esta tarefa, espera-se que ambos os candidatos interajam, concordando ou discordando, e expressando os seus pensamentos ou ideias. Nesta parte, os candidatos "são avaliados quanto à sua capacidade de manter uma conversa, de se virar adequadamente e de utilizar a linguagem da negociação e da colaboração ao fazê-lo" (Ibid, p. 72). Isto não significa que o objetivo da tarefa seja chegar a um acordo. De facto, ambos os candidatos podem concordar ou discordar e não serão penalizados.

Finalmente, durante a parte 4, denominada *discussion*, os candidatos discutem os tópicos da parte 3. Os critérios de avaliação são praticamente os mesmos que para a *tarefa de colaboração,* no entanto, nesta parte, o objetivo é uma discussão mais aprofundada entre os candidatos (FCE: Handbook for Teachers, 2015).

O objetivo deste projeto é que os alunos melhorem o seu desempenho na Parte 2 (long turn) do teste de expressão oral do FCE, utilizando uma série de dispositivos de coesão que podem ajudar os candidatos a expressar as suas ideias e pensamentos de forma organizada e clara. É isso que os examinadores de Cambridge ESOL esperam. Por isso, é importante compreender e classificar os dispositivos de coesão. Estes são discutidos na secção seguinte.

2.2.2 Dispositivos Coesivos

Os dispositivos coesivos são um elemento importante no teste de expressão oral do FCE. Uma vez que este estudo se centra na Parte 2 (turno longo), o tipo de dispositivos coesivos que são focados nesta investigação são as *conjunções,* que são classificadas como *de contraste referencial.* Nos parágrafos seguintes, é explicada a classificação de Halliday e Hassan (1976) dos dispositivos coesivos. Segue-se uma segunda classificação dos dispositivos coesivos baseada em *FCE: Handbook for Teachers* (2015) e *Objective First* (2014).

Para compreender a utilização dos dispositivos coesivos, é necessário começar por definir a coesão. Halliday e Hassan (1976) definem coesão como: "uma relação semântica entre um elemento do texto e algum outro elemento que é crucial para a interpretação do mesmo" (p. 8). No entanto,

> ...como todas as componentes do sistema semântico, realiza-se através do sistema lexicogramatical; e é neste ponto que se pode fazer a distinção. Algumas formas de coesão são realizadas através da gramática e outras através do vocabulário.
>
> (p. 6)

Halliday e Hassan (1976) classificam cinco formas de coesão: *referência, substituição, elipse, lexical* e *conjunção.* As que são classificadas como *coesão gramatical* são a referência, a substituição e a elipse. Obviamente, *a* que utiliza o vocabulário é *a coesão lexical.* No que respeita à conjunção, esta diz respeito tanto à gramática como ao léxico. Como afirmam Halliday e Hassan (1976), "a conjunção está na fronteira entre as duas; principalmente gramatical, mas com um componente lexical" (p.6). *A substituição* e *a elipse* referem-se a uma relação gramatical, ou seja, uma palavra ou um grupo de palavras que fazem referência a outras, de modo a criar uma ligação no texto, enquanto *a referência* denota uma relação semântica, ou seja, a interpretação da ligação do texto com base no seu meio envolvente.

No entanto, as conjunções diferem desta relação semântica. Neste caso, a relação semântica envolve "uma especificação do modo como o que se vai seguir está sistematicamente ligado ao que se passou antes" (Halliday & Hassan, 1976, p. 227). Para além disso, McCarthy (1991) salienta que

> ... uma conjunção não desencadeia uma procura para trás ou para a frente do seu referente, mas pressupõe uma sequência textual e assinala uma relação entre segmentos do discurso

Assim, para estabelecer este tipo de ligação semântica/gramatical, são necessárias conjunções de palavras simples e frasais. O quadro seguinte é uma versão simplificada dos diferentes tipos de conjunções ou dispositivos coesivos que Halliday e Hassan (1976) classificam no seu estudo *Cohesion in English.*

Type	Sub-types	Examples
Additive	Additive simple Additive complex Apposition Comparison	and, and also furthermore, in addition, besides I mean, in other words, for instance likewise, in the same way, on the other hand
Adversative	Adversative simple Contrastive Correction Dismissal	yet, but, however, nevertheless, only in fact, actually, but, on the other hand instead, at least, I mean in either case, in any case
Casual	Casual general Reversed causal Conditional Respective	so, then, because of this, as a result for, because in that case, in this respect, aside from this
Temporal	Temporal simple Temporal complex Internal 'Here and now'"	after that, finally, first next time, meanwhile secondly, then, finally, in conclusion up to now, at this point

Tabela 2: Tabela de relações de conjunção (Adaptado de Halliday & Hasan, 1976; McCarthy, 1991)

Como se pode verificar, existe uma vasta gama de dispositivos coesivos, e é precisamente neles que este estudo se centra. Halliday e Matthiessen (2004) afirmam que "expressões como os marcadores pragmáticos e as conjunções facilitam a construção de um discurso coeso" (Neary-Sundquist, 2013, 110). No entanto, não existe uma classificação geral para este tipo de expressões. Neary-Sundquist (2013) dá um exemplo desta variedade de classificação ou terminologia: *"small words, discourse markers, pragmatic markers, cohesive devices, and cohesive features" (p. 112).* Para efeitos do presente estudo, o termo escolhido foi "dispositivos de coesão". Esta é, de facto, a designação dada no FCE: Handbook for Teachers (2015). No entanto, neste guia para professores, é feita uma distinção entre dispositivos coesivos e marcadores discursivos. O quadro seguinte ilustra esta divisão.

Cohesive Devices				Discourse Markers
-	Addition	Consequence	Order of Information	
-whereas *-while* *-however* *(on the one hand)* *-on the other hand*	-and -in addition -moreover	-so -therefore -as a result -consequently -in that case	-first -second -next -finally	-you know -you see -actually -basically -I mean -anyway -like -well

Quadro 3: Baseado em FCE: Handbook for Teachers (2015) e Objective First (2014)

Como se pode ver, os dispositivos coesivos são classificados em *informação de adição, de consequência* e *de ordem.* Existe ainda uma lacuna nesta classificação, ou seja, a primeira coluna onde alguns deles são referidos apenas como dispositivos coesivos mais complexos. Com base em Halliday e Hassan (1976), classifiquei-os em *adversativos-aditivos.* Estes são os dispositivos coesivos sobre os quais este estudo se debruçou, devido ao papel que desempenham na emissão de um discurso coerente. Além disso, também são úteis para destacar e relacionar diferenças e semelhanças na Parte 2 (turno longo) da prova de expressão oral. Como refere Neary-Sundundquist (2013), "uma das formas de conseguir um discurso coerente é através da utilização de dispositivos de coesão, como os marcadores pragmáticos e as conjunções" (p.109).

2.3 Ensino de dispositivos coesivos ou marcadores discursivos: Investigação empírica

Os estudos que abordam o ensino de dispositivos coesivos estão a aumentar em número (Sun, 2013). No entanto, eles se concentram em tipos de dispositivos coesivos que são diferentes dos utilizados neste estudo. Por exemplo, Lee e Hsie (2004), no seu estudo "Discourse Marker Teaching in College Conversation Classroom", centram-se no ensino de *well, you know* e *I mean* para realçar a importância destas caraterísticas linguísticas nas aulas de conversação em segunda língua. As actividades foram concebidas para demonstrar que o ensino dos marcadores discursivos (MD) é exequível nas aulas de segunda língua. Concluem que a consciencialização dos alunos para as funções dos MDs é essencial para evitar conversas pragmaticamente fossilizadas.

O estudo de Jones e Carter (2014) centra-se no ensino de marcadores do discurso falado através de dois métodos diferentes, *Ilustração, Interação* e *Indução* (III) e *Presente-Prática-Produzir* (PPP). No seu estudo, o método PPP foi considerado pelos alunos como a forma mais eficaz de aprender os MDs a curto prazo, uma vez que foi o que teve maior impacto na produção dos alunos. Além disso, destacam a importância de ensinar DMs de forma explícita, pois parece que os alunos não os adquirem no "ambiente de língua inglesa". A tabela seguinte de Jones e Carter (2014, p. 54) apresenta os marcadores discursivos alvo e a sua função em que se concentram no seu estudo.

Function	**Discourse Marker**
Opening conversations/topics	*Right, so*
Closing conversations and topic	*Right, Anyway*
Monitoring shared knowledge	*You see, you know*
Response tokens	*Right*
Reformulating	*I mean, Mind you*
Pausing	*Well*
Sequencing	*In the end, First, Then*
Introducing examples	*Like*
Resuming	*Anyway, As I was saying, Where was I?*
Justifying	*Cos*

Tabela 4: Marcadores discursivos alvo e suas funções Adaptado de Jones & Carter (2013)

Em conclusão, é necessário ensinar os dispositivos coesivos com uma abordagem explícita, porque os alunos não os adquirem de forma implícita ou natural nas salas de aula de EFL. Obviamente, a abordagem escolhida dependerá do objetivo do curso e das necessidades dos alunos.

CAPÍTULO 3

Metodologia

Este capítulo apresenta uma definição de investigação-ação, que foi a conceção de investigação deste estudo. Segue-se uma descrição dos métodos de investigação utilizados para recolher os dados, a fim de identificar um problema e compreender a sua natureza. Finalmente, é apresentada a descrição do plano de ação e da sua implementação.

3.1 Conceção da investigação

Este estudo foi realizado com base numa conceção de investigação-ação. A investigação-ação pode ser entendida como o processo cíclico em que os professores reflectem sobre a sua própria prática a fim de identificarem um problema, que se baseia em informações ou dados, de modo a melhorarem a sua prática através da implementação de um plano (Burns, 2010; Chamot et al. 1998; Farrell, 2007; Johnson, 2011 in Miskovic et al., 2012; Kemmis & McTaggart 1992 in Cohen et al. 2000; MacIntyre, 2000; Richards & Lockhart, 1994). A imagem seguinte ilustra o processo cíclico de investigação-ação deste inquérito.

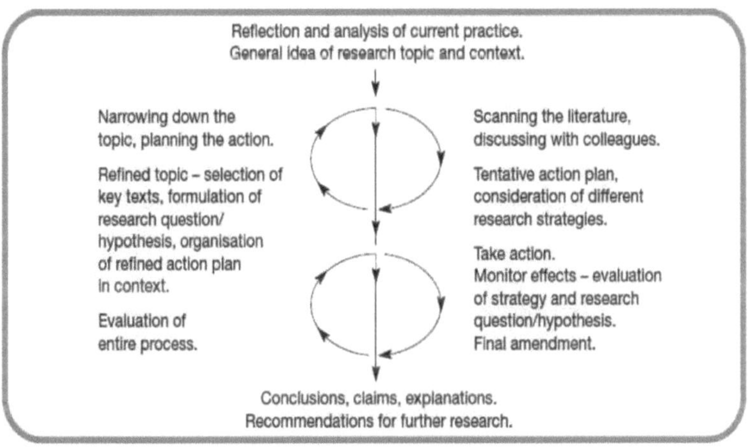

Figura 1: Um ciclo de investigação-ação (MacIntyre, 2000, p. 1)

A primeira etapa deste estudo centrou-se na reflexão sobre a minha prática pedagógica atual para identificar um problema. No entanto, como já foi referido, o problema não se baseou apenas em palpites ou intuições, mas sim na investigação inicial que forneceu dados ou "informações sólidas" (Burns, 2010, p.2) que foram recolhidos seguindo um processo sistemático. Em seguida, foi concebido um plano de ação para resolver o problema identificado. Neste caso, seguindo este processo sistemático, o problema foi reduzido ao uso de dispositivos coesivos na competência oral dos alunos, para o qual foi concebido um plano de ação baseado nas necessidades e expectativas dos alunos. Na secção seguinte, explica-se em pormenor a forma como os dados foram gerados para identificar e compreender o problema.

3.2 Identificar e compreender o problema

A fim de identificar e compreender o problema, os instrumentos de recolha de dados utilizados foram diários, questionários e um teste de expressão oral gravado em áudio.

3.2.1 Jornal

O primeiro passo consistiu em manter um diário. Os diários são uma ferramenta útil para captar e descobrir acontecimentos significativos, a fim de refletir sobre a prática docente (Burns, 2010; Gebhard & Oprandy, 1999; Mora & Goodwin, 2012; Richards & Lockhart, 1996). Para além disso, Burns (2010) refere que existem três tipos de diários, que são "diário factual, diário descritivo e diário reflexivo" (p.90). O tipo de diário utilizado nesta investigação foi um diário descritivo, uma vez que era uma ferramenta útil para "registar acontecimentos factuais e reacções pessoais aos mesmos" (Ibid, p.90). O diário foi escrito no final de cada aula durante um período de três semanas. Este período de tempo envolveu uma unidade inteira do manual do curso. O objetivo era registar o que se passava durante as actividades em que os alunos realizavam as quatro competências linguísticas, ou seja, ler, ouvir, escrever e falar. Uma das conclusões obtidas neste processo foi que a maioria dos participantes parecia ter dificuldades quando falavam. Este foi apenas um ponto de partida.

3.2.2 Questionário

Enquanto estava a escrever o diário, administrei um questionário (Anexo 1). De acordo com Richards e Lockhart (1996), os questionários são "formas úteis de recolher informações sobre dimensões efectivas do ensino e da aprendizagem, tais como crenças, atitudes, motivação e preferências" (p. 10). Dornyei (2003, in Burns, 2010) fornece-nos uma classificação mais pormenorizada. Ele afirma que

> ...os questionários podem fornecer três tipos de informação: factual ou demográfica (quem são os entrevistados e os seus antecedentes/experiências); comportamental (o que fazem ou fizeram no passado); atitudinal (atitudes, opiniões, crenças, interesses e valores)
>
> (p. 81)

O tipo de questionário administrado foi atitudinal. O objetivo deste questionário era descobrir as opiniões ou crenças dos alunos sobre os seus pontos fortes e áreas a melhorar nas quatro competências. O questionário continha itens fechados e abertos, que consistiam em itens que incluíam ordem de classificação e afirmações guiadas, respetivamente. Burns (2010) afirma que os itens de ordem de classificação são úteis

> ...para nos dar a conhecer as suas preferências, valores ou opiniões (dos participantes) a partir de uma lista de alternativas possíveis,...enquanto que os itens guiados clarificam ou desenvolvem uma resposta e podem fornecer informações que não são óbvias a partir da resposta numérica
>
> (p.85)

Por conseguinte, como se pode ver, os itens abertos foram úteis para obter uma visão mais profunda dos pontos de vista dos participantes.

3.2.3 Teste de expressão oral e teste de leitura gravados em áudio

Tendo em conta os resultados do questionário de atitudes, foi aplicado um teste de leitura e de expressão oral baseado nos exames ESOL de Cambridge. O teste de leitura (Anexo 3) consistia em três secções do FCE: Parte 1 (escolha múltipla), Parte 2 (correspondência múltipla) e Parte 3 (texto lacunar). O teste de expressão oral (Apêndice 4) consistiu em três secções do teste FCE, que são uma entrevista (parte 1), o turno longo (parte 2) e a tarefa de colaboração (parte 3). Dividi o grupo em seis pares e um trio com base no seu nível linguístico. Este teste foi gravado em áudio e depois transcrito.

De acordo com Richards e Lockhart (1996), "uma das vantagens da gravação é que permite escolher o foco e capta muitos pormenores ... como a linguagem real utilizada pelos professores ou alunos". Além disso, Burns (2010) salienta que as gravações áudio podem "centrar-se em segmentos específicos que estão especialmente interessados em investigar" (p. 70). Assim, isto permitiu-me focar um aspeto específico da língua de uma forma mais fiável.

3.3 Resultados da investigação inicial

Após a análise dos questionários, emergiram três categorias principais: falta de vocabulário, utilização de dispositivos coesivos básicos e falta de prática. A competência em que os alunos encontraram mais problemas em termos de vocabulário foi, de longe, a leitura, seguida da expressão oral e da compreensão oral, e apenas um deles mencionou a escrita nesta categoria. A segunda categoria, utilização de dispositivos coesivos básicos, a competência em que as respostas dos alunos revelaram mais dificuldades foi a expressão oral, uma vez que vários deles identificaram que o seu problema era como ligar ideias (Anexo 2). Vários alunos expressaram também que a expressão oral era particularmente difícil porque não praticavam suficientemente esta competência. Os resultados do teste de leitura foram que 3 dos 15 alunos não passaram no exame de leitura. Comparei este resultado com as suas respostas ao questionário. Dois deles disseram efetivamente que tinham problemas na competência de leitura em termos de vocabulário, enquanto o outro disse que tinha problemas na competência de expressão oral em termos de coerência. Os restantes alunos que também responderam que tinham problemas com a competência de leitura passaram efetivamente no teste, alguns até sem dificuldade.

Depois de analisar as transcrições do teste de expressão oral, verifiquei que a maioria dos alunos teve um bom desempenho em termos de vocabulário. Apenas cinco deles utilizaram expressões mais básicas do que as esperadas para um nível B2, de acordo com o FCE Handbook for Teachers (2015). Por outro lado, o uso de dispositivos coesivos, outro aspeto que a maioria reconheceu como difícil, foi também identificado como a principal área que precisava de ser melhorada (Anexo 5), uma vez que apenas usaram dispositivos muito básicos (de acordo com o FCE Handbook for Teachers). Este aspeto foi analisado individualmente, concentrando-se especificamente na Parte 2 (turno longo) que é precisamente a secção que trata mais deste aspeto. Os resultados foram esclarecedores. A maioria dos alunos que realizaram o teste, ou seja, 14 dos 15, utilizaram dispositivos coesivos básicos como *and, but,* and *so.* Apenas um aluno utilizou os mais complexos, como *entretanto* e *por outro lado.*

Em conclusão, tendo em conta todos os dados analisados, ou seja, depois de "codificar", "comparar" e "classificar" a informação em categorias e "identificar conexões" (Burns, 2010), o problema foi reduzido ao uso de dispositivos coesivos básicos ao falar, relativamente ao nível B2. O tipo de dispositivos coesivos que este projeto se centrou em desenvolver foram as conjunções.

3.4 Plano de ação

Com base nos resultados da investigação inicial, foi concebido um plano de ação para melhorar o desempenho dos alunos. Verificou-se que a maioria dos alunos de uma turma de nível B2 não utilizava dispositivos de coesão como *however, whereas, on the other hand* e *while.* Assim, o objetivo do presente estudo era descobrir se os alunos inscritos nesta turma conseguiam ou não utilizar estes marcadores discursivos depois de os terem praticado nas aulas e de os terem utilizado em situações da vida real ou, pelo menos, em tarefas de expressão oral em tempo real. Espera-se que os candidatos à certificação linguística B2 conheçam e utilizem dispositivos coesivos complexos. Por isso, foi implementado um plano de ação para ajudar os alunos a fazê-lo. A justificação do plano de ação e das estratégias utilizadas é apresentada na secção seguinte.

3.4.1 Justificação

O principal objetivo deste estudo de investigação-ação era melhorar o desempenho dos alunos na parte 2 (turno longo) do exame FCE de Cambridge. Este objetivo deveria ser alcançado através do reconhecimento de dispositivos coesivos mais complexos, para que os alunos pudessem utilizar uma variedade dos mesmos. Com base no FCE, Handbook for Teachers (2015), espera-se que os alunos deste nível (B2) utilizem uma variedade de dispositivos coesivos para obterem uma nota mais elevada nesta rubrica.

Este estudo é essencial no meu contexto, uma vez que o objetivo das autoridades escolares é que os seus alunos obtenham uma certificação internacional durante os seus estudos secundários. Ao atingir este objetivo, as autoridades escolares estão também a responder às exigências dos pais e dos alunos. Por conseguinte, esta investigação-ação tem um impacto direto na minha prática atual, uma vez que, ao ajudar os alunos neste aspeto, melhorarei os meus conhecimentos pedagógicos e as técnicas de preparação para os testes. Além disso, a utilização destes dispositivos de coesão pode ajudar os alunos a organizar o seu pensamento e a ligar ideias. Consequentemente, espera-se uma melhoria da sua fluência.

Nos parágrafos seguintes, explica-se a justificação das estratégias utilizadas durante o plano de ação, ou seja, como podem ajudar os alunos e em que se baseiam. A primeira estratégia foi baseada no FCE: Handbook for Teachers (2015), que consistia em fornecer aos alunos duas fotografias retiradas de revistas sobre temas actuais que lhes pudessem agradar. O objetivo era que os alunos começassem a utilizar os dispositivos coesivos visados.

A estratégia seguinte foi a reciclagem. De acordo com Nation (1990, p.45, in Schmitt, 2008, p. 343), "se ela (a reciclagem) for negligenciada, muitas palavras parcialmente aprendidas serão esquecidas, desperdiçando todo o esforço já feito para as aprender". Assim, neste caso, o objetivo era reciclar os dispositivos coesivos que tinham sido apresentados na primeira semana, solicitando-os aos alunos e, posteriormente, colando-os no quadro. Além disso, o professor deu aos alunos *tarefas de turno longo* (FCE parte 2) em que os alunos eram solicitados a pôr em prática os dispositivos coesivos dados.

A terceira estratégia consistiu em fornecer aos alunos transcrições do seu próprio discurso oral para que pudessem reescrevê-las. De acordo com Thornbury (2005, p. 68 in Frank, 2012, para. 12), uma "forma útil de introduzir novas caraterísticas linguísticas" é através da reescrita. Para além disso, Hinkel (2006) salienta que:

> O planeamento prévio e os ensaios de conteúdo e formulação, ou seja, o que dizer e como dizê-lo, conduzem a melhorias substanciais na quantidade de discurso falado e na precisão gramatical, lexical e articulatória.
>
> (P-115)

Assim, ao fazê-lo, considerou-se que os alunos podem reforçar a aquisição dos dispositivos coesivos visados e, por conseguinte, aumentar não só a quantidade do seu discurso oral, mas também a sua qualidade.

A quarta estratégia consistia em gravar o desempenho dos alunos. Todo o grupo ouviu as gravações, enquanto fazia a correspondência entre a utilização dos dispositivos coesivos e uma lista de verificação. Esta estratégia baseou-se em Hedge (2000), que refere que

> ... a oportunidade de se concentrar na forma pode ser proporcionada após a tarefa comunicativa, se os alunos forem registados e tentarem comparar a sua própria linguagem para justificar os critérios com as formas que o professor lhes dá
>
> (p. 60)

Por conseguinte, esperava-se que isto pudesse ajudar os alunos a reforçar a sua aprendizagem dos dispositivos coesivos e a forma de os utilizar quando necessário.

3.4.2 Implementação

Esta secção descreve a agenda do plano de ação, bem como as actividades realizadas durante a execução do plano. O quadro seguinte mostra a forma como as estratégias foram distribuídas e a sua descrição geral. O plano de ação teve a duração de quatro semanas e incluiu duas aulas por semana. A duração de cada aula foi de 50 minutos.

Strategies	Week	Day	General description
Presentation and Images with input	*1*	*Tuesday* *50 min*	T explains the aim of the lessons. Then, T introduces some of the **adversative-additive** cohesive devices and explains how to use them by providing examples. Later, SS practice them with the set of photographs provided.
		Thursday *50 min*	T starts the lesson by recycling some of the cohesive devices (*whereas, while, however* and *on the other hand*). Then, SS are divided into two groups and given four sets of photographs each. Each set contained prompts. SS were asked to read the prompts and to add the cohesive devices where possible.
Images with input and re-writing activity	*2*	*Tuesday* *50 min*	This lesson follows the same practice as the previous one, that is, lesson two of the first week. However, SS were provided different sets of photographs
		Thursday *50 min*	T gives SS a transcription of their speaking test Part 2 (long test). Then, SS are asked to re-write them by using the cohesive devices targeted. T monitors the activity.
Recordings and checklist	*3*	*Tuesday* *50 min*	T provides SS the transcriptions (corrected by them in the previous lesson). SS work in pairs and record themselves. Then, T gives SS a checklist and SS listen to their classmates recordings in order to check the use of the cohesive devices taught.
		Thursday *50 min*	T gives SS the same checklist and then reproduces the remaining SS' recordings to check the use of cohesive devices.
Images with questions but without input	*4*	*Tuesday* *50 min*	T asks SS to get in pairs. T provides SS with different sets of photographs. SS are asked to describe the photographs. T monitors the activity with a checklist.
		Thursday *50 min*	It was necessary to take this session to finish the previous activity.

Quadro 4: Plano de ação

I/I/semana *1: Terça-feira*

Primeiro, expliquei aos alunos o objetivo das aulas, ou seja, melhorar na Parte 2 do teste de expressão oral do FCE. Depois, comecei a dar a primeira lição do plano de ação. O objetivo desta lição era introduzir os dispositivos coesivos adversativos-aditivos: *whereas, while, however* e *on the other hand.*

Mostrei aos alunos dois cartazes (apêndice 6) no quadro branco, sobre séries televisivas populares entre os alunos do ensino secundário e, em seguida, obtive informações sobre um dos cartazes (The Walking Dead). Depois, coloquei uma etiqueta com a conjunção *e* no meio dos dois cartazes. Consequentemente, obtive informações sobre o outro cartaz (Pretty Little Liars). O passo seguinte consistiu em explicar aos alunos a necessidade de comparar e contrastar os dois cartazes ou imagens, substituindo *o and* por outros ligadores (dispositivos de coesão). Assim, afixei no quadro branco os dispositivos coesivos adversativos-aditivos, *whereas, while, however* e *on the other hand.* Dei exemplos de como utilizar os dispositivos coesivos para exprimir diferenças e semelhanças, e como acrescentar mais ideias.

Mais tarde, foi pedido aos alunos que se juntassem em pares. Cada par de alunos recebeu dois conjuntos de fotografias (apêndice 7) sobre temas que eu achava que os iriam interessar. Cada conjunto de fotografias era diferente e continha duas imagens. Foi pedido aos alunos que comparassem as fotografias utilizando os novos dispositivos de coesão. Depois de cada aluno terminar de descrever o seu próprio conjunto, cada par passou o seu conjunto de fotografias ao par do lado. Por fim, foi pedido a alguns alunos que partilhassem os seus comentários com toda a turma. Devido a limitações de tempo, nem todos puderam participar nesta parte final.

Semana 1: Quinta-feira

Comecei a aula reciclando os dispositivos coesivos *(enquanto, ao passo que, no entanto e por outro lado)* apresentados na aula anterior. Depois de os ter solicitado aos alunos, foi-lhes pedido que utilizassem os dispositivos coesivos, comparando um conjunto de fotografias do primeiro dia do plano de ação. De seguida, os alunos foram divididos em dois grupos: A e B. Em cada grupo, pedi aos alunos que se organizassem em pares. Cada grupo tinha quatro pares. De seguida, forneci a cada grupo, A e B, oito folhetos com duas imagens e algumas frases úteis (anexo 8), de modo a que cada par tivesse dois folhetos. Ambos os grupos receberam os mesmos oito folhetos. Além disso, os dispositivos de coesão previamente revistos foram colados no quadro branco. Depois, foi pedido aos alunos que lessem as frases, ou seja, as descrições das imagens, e que acrescentassem dispositivos de coesão sempre que possível. Para que os alunos pudessem compreender a atividade, esta foi primeiro realizada pelo professor com toda a turma. Ambos os grupos rodaram os seus conjuntos de fotografias até realizarem a atividade com todos os folhetos.

Semana 2: Terça-feira

O mesmo procedimento utilizado na quinta-feira (semana 1) foi repetido, mas com outros conjuntos de fotografias do mesmo tipo que os primeiros. Estes também continham frases úteis.

I/I/semana *2: Quinta-feira*

Primeiro, foi pedido aos alunos que se juntassem em pares. De seguida, colei no quadro as imagens que eles descreveram na Parte 2 do teste de expressão oral do FCE durante o pré-teste da investigação inicial. Além disso, colei etiquetas que continham as perguntas a que tinham sido solicitados a responder anteriormente neste teste. Em seguida, os alunos receberam a transcrição do seu próprio discurso oral dessa parte do teste, que tinha sido gravado para o efeito. Pedi aos alunos que trabalhassem individualmente para substituírem os dispositivos coesivos básicos que tinham utilizado por outros mais complexos, sempre que possível. Mais tarde, os alunos foram convidados a verificar se tinham efetivamente respondido à pergunta da tarefa. Caso contrário, foi-lhes pedido que reescrevessem as suas próprias transcrições, acrescentando os dispositivos coesivos visados e a resposta à pergunta. Por fim, os alunos entregaram as suas transcrições ao professor.

Semana 3: Terça-feira

No início da aula, os alunos receberam as novas versões das suas transcrições que tinham reescrito na aula anterior (Anexo 9). Expliquei o objetivo da tarefa. Depois, pedi aos alunos para irem à biblioteca e registarem as suas novas versões. Os restantes alunos foram convidados a verificar novamente as suas transcrições enquanto esperavam pela sua vez de se gravarem a si próprios.

Neste dia, devido a limitações de tempo, apenas quatro dos oito pares de alunos foram convidados a gravar-se a si próprios. Mais tarde, forneci aos alunos uma lista de verificação (anexo 10) e expliquei o objetivo da atividade. Em seguida, foi reproduzida a gravação do primeiro par de alunos. Foi pedido aos alunos que identificassem se os seus colegas tinham ou não utilizado os dispositivos coesivos. Depois disso, foi revisto o que os alunos tinham assinalado na lista de controlo.

Semana 3: Quinta-feira

Nesta aula, os alunos receberam a mesma lista de verificação que na aula anterior e foi-lhes pedido que ouvissem as gravações dos restantes quatro pares de alunos. O procedimento também foi o mesmo, ou seja, os alunos assinalaram na lista de verificação a forma como os seus colegas utilizaram os dispositivos de coesão. O professor verificou as respostas dos alunos com toda a turma.

Semana 4: Terça e quinta-feira

Os alunos foram convidados a formarem pares e a dividirem-se em dois grupos de quatro pares. Em seguida, expliquei o objetivo da atividade: realizar a tarefa sem quaisquer instruções e em "tempo real". Cada grupo de quatro pares recebeu o mesmo folheto (anexo 11). O folheto continha quatro conjuntos de duas imagens para cada par. Depois, foi pedido aos alunos que realizassem a tarefa no tempo que lhes era permitido utilizar durante o teste (Parte 2, turno longo), ou seja, um minuto por candidato. Durante esta atividade, o professor utilizou uma lista de observação (anexo 12) para verificar os dispositivos de coesão utilizados pelos alunos. Cada grupo de alunos trocou os folhetos até ter realizado a tarefa com todos os outros, ou seja, quatro vezes. Devido a limitações de tempo, não foi possível realizar as actividades de quinta-feira. Assim, durante esta quarta semana, os alunos só puderam trabalhar as actividades planeadas para uma aula. Ou seja, como a atividade demorou mais tempo do que o previsto, os alunos levaram duas sessões para a cumprir.

CAPÍTULO 4

Conclusões

Este capítulo ilustra os resultados obtidos após a realização da implementação e verificação do plano de ação. O método de recolha de dados utilizado foi a observação, a entrevista e um pós-teste. Os dados recolhidos através destes instrumentos e as razões da sua utilização são explicados nos parágrafos seguintes.

4.1 Avaliação da ação

Para efeitos deste estudo, foi necessária uma avaliação sumativa, uma vez que o principal objetivo era ajudar os alunos a utilizar dispositivos coesivos para ligar e contrastar ideias de uma forma de andaime. Os instrumentos utilizados para avaliar o plano de ação foram uma lista de verificação de observação, um pós-teste gravado em áudio e, finalmente, uma entrevista semi-estruturada. A utilidade e a finalidade das gravações áudio já foram mencionadas no Capítulo Dois. Por conseguinte, na secção seguinte, apenas é abordada a importância da observação e da entrevista semi-estruturada.

4.1.1 Observações

Gebhard e Oprandy (1999), afirmam que as observações são uma ferramenta útil na recolha de dados para projectos de investigação. Para além disso, Burns (2010) sugere a utilização de fichas de observação, que se centram na "utilização de um sistema de codificação ou de uma lista de verificação preparada antes do início da aula" (p. 73). A autora também aconselha os professores investigadores a elaborarem as suas próprias listas de verificação de observação, de modo a poderem prestar atenção a um aspeto específico da aula. Assim, para efeitos deste estudo, foi criada uma lista de verificação de observação (ver Anexo 12) para anotar os dispositivos de coesão utilizados pelos alunos inscritos neste projeto.

4.1.2 Entrevistas semi-estruturadas

De acordo com Arksey e Knight (1999), "as entrevistas qualitativas examinam o contexto do pensamento, dos sentimentos e das acções e podem ser uma forma de explorar as relações entre diferentes aspectos de uma situação" (p.32). Além disso, Gillham (2000) defende que, para obter respostas "em profundidade" dos participantes, é necessária uma entrevista semi-estruturada (p.19). Este tipo de entrevista foi bastante útil para obter informações dos participantes neste projeto. Assim, é importante saber o que os participantes pensam sobre a utilidade dos dispositivos coesivos visados e se houve uma melhoria com a sua utilização.

Em primeiro lugar, o diretor da escola concedeu a autorização necessária para a realização das entrevistas. Devido à idade dos alunos, foi pedido aos pais que assinassem uma carta de consentimento. Foram entrevistados quatro alunos. Foram escolhidos de acordo com o seu nível linguístico (com base no teste de colocação) e com a sua experiência de teste. Dois deles tinham um nível B2, um dos quais já tinha efectuado um exame B2 e o outro não. Os outros dois tinham um nível B1. Neste caso, apenas um já tinha efectuado um exame B1. Os seus nomes foram alterados para que as suas identidades permanecessem desconhecidas. As entrevistas foram feitas cara a cara, seguindo um guião de entrevista (Anexo 13) e foram realizadas no edifício da escola, antes ou depois da aula de inglês.

Os resultados obtidos com estes instrumentos serão analisados na secção seguinte.

4.2.1 Quanto à utilidade da utilização de dispositivos de coesão

Esta secção apresenta as percepções dos alunos sobre a utilidade dos dispositivos coesivos, com base nas suas respostas às entrevistas. Além disso, foi efectuada uma comparação entre as transcrições do pré e do pós-teste de alguns participantes, em termos da quantidade de linguagem produzida e dos dispositivos coesivos utilizados. Isto foi feito com o objetivo de triangular algumas das respostas dos alunos entrevistados com o resultado do seu pós-teste.

No que diz respeito às crenças dos alunos sobre a utilidade dos dispositivos coesivos *(whereas, while, on other hand, however)*, Eduardo reflectiu sobre a sua experiência ao utilizá-los durante o pós-teste, como se pode ver na observação seguinte:

> **Eduardo**
>
> São muito úteis quando começamos a utilizar e começamos a fazer o novo teste... como que enriquece mais o seu vocabulário e serve para comparar nesta parte do *'speaking'*.

Complementando a reflexão de Edward sobre a forma como os dispositivos coesivos enriquecem o vocabulário, Ernst salientou a sua importância quando se trata de ligar ideias, como afirma: "...una de las partes mas importantes en el lenguaje es la capacidad de unir ideas, entonces son nexos que te facilitan eh eso el unir ideas."

Os alunos parecem concordar que os dispositivos coesivos praticados são úteis, uma vez que são utilizados para comunicar de forma mais clara, mais fluente e mais coerente. Assim, como afirma Neary-Sundquist (2013), "uma das formas de conseguir um discurso coerente é através da utilização de dispositivos coesivos, como os marcadores pragmáticos e as conjunções" (p.109).

Os pontos de vista dos alunos, revelados nas entrevistas, parecem ser confirmados pelos resultados dos testes. Com base nos desempenhos dos alunos no pós-teste, parece que a maioria dos participantes demonstrou uma melhoria na fluência da sua capacidade de falar ao utilizar os dispositivos coesivos alvo. Fillmore (1979, em Fulcher, 2013) caracterizou quatro elementos de fluência, que são

> ... preencher o tempo com conversa, o que implica automatismo no processamento da língua; produção de frases coerentes utilizando adequadamente os recursos semânticos e sintácticos da língua; seleção de conteúdos adequados ao contexto; e criatividade com a língua
>
> (n.º 1)

Beckham, outro participante que também foi entrevistado, confirmou que achou útil estar ciente dos dispositivos coesivos direcionados para a fluência e a melhoria da coerência, como ele afirma claramente: "Si porque te hacen que tu descripcion sea mas fluida y tenga mayor sentido". Este facto também pode ser percebido nas transcrições dos seus pré e pós-testes.

Pré-teste de Beckham

Bem, em ambas as fotografias vemos pessoas a viajar, mas com estados de espírito diferentes [sic] na primeira fotografia as pessoas estão a viajar de comboio e na segunda de avião na primeira fotografia as pessoas parecem aborrecidas na segunda estão apenas a chegar ao avião a diferença entre as fotografias é que na segunda fotografia é mais caro viajar e penso que na primeira fotografia é apenas como [tempo terminado]

76 palavras / (possível) utilização de *"E"* como adversativa.

Pós-teste de Beckham

Em ambas as imagens posso ver transportes, no entanto na primeira imagem há um avião enquanto na outra há bicicletas. Na primeira imagem as pessoas estão a chegar ao avião enquanto na outra estão a andar de bicicleta, talvez tenham escolhido a primeira porque têm de ir para um lugar distante, talvez para outro país, enquanto na segunda imagem talvez estejam apenas a ir para um lugar mais próximo, talvez estejam apenas a ir para o parque com os amigos ou estejam apenas a ir para o seu trabalho para não usarem o carro por causa da gasolina que consome

102 palavras / utilização de *"HOWEVER"* e *"WHEREAS"* uma vez e utilização de *"WHILE"* duas vezes.

Em comparação com o pré-teste, Beckham aumentou consideravelmente a quantidade de discurso que produziu no pós-teste. Além disso, pode parecer que a utilização dos dispositivos coesivos, como *"contudo"*, *"enquanto"* e *"ao passo que"*, o ajudou a organizar melhor os seus enunciados, como afirmou na entrevista.

Este facto também pode ser observado nos extractos do pré e pós-teste de Hermann, um participante que não foi entrevistado:

Pré-teste de Hermann

Na primeira fotografia vejo muitas pessoas que estão a comer, provavelmente num (.) piquenique, não sei, mas (...) estão felizes mm e na segunda fotografia vejo duas raparigas que estão a andar na rua, acho que vieram [sic] fazer compras (...) eh mm.

[48 segundos] 59 palavras/ este aluno utilizou "E" apenas uma vez.

Pós-teste de Hermann

Bem, em ambas as fotografias posso ver pessoas que estão [sic] a passar tempo com os seus amigos. Na primeira fotografia posso ver duas raparigas que estão num computador, enquanto na segunda fotografia posso ver um homem que está a ver um produto numa loja e talvez estejam a comprar coisas para um computador.

92 palavras/ utilização de "WHILE" duas vezes.

No pós-teste, o Hermann foi capaz de produzir enunciados coerentes durante toda a tarefa, descrevendo as imagens e contrastando-as com a conjunção *"enquanto"*. Além disso, o número de palavras utilizadas no pré-teste foi de 59. O Hermann não foi capaz de falar durante todo o minuto. Em contrapartida, no pós-teste, registou-se um aumento considerável do número de palavras (92) que produziu. Além disso, foi capaz de falar durante todo o minuto. Esta melhoria está de acordo com a definição de fluência de Fillmore (1978), acima referida.

Assim, pode argumentar-se que a utilização de dispositivos coesivos como *however, while, whereas* e *on the other hand* aumenta a fluência dos alunos e também proporciona organização no seu discurso oral.

4.2.2 Ensino explícito dos dispositivos de coesão

Esta secção trata das percepções dos alunos relativamente ao ensino dos dispositivos coesivos através de uma abordagem explícita. Em primeiro lugar, são apresentadas as percepções dos alunos relativamente à utilidade das aulas que incluíram o ensino explícito desta caraterística da língua.

Os alunos entrevistados para este projeto reconheceram a praticidade da aquisição dos dispositivos coesivos visados numa instrução explícita.

> **Natalia**
>
> Creo que si sirvio bastante que hicieramos estas dinamicas porque as! como que te vas acostumbrando mas que si las escucharas nada mas en otro lado o si te dijera un maestro que tienes que usar esas palabras porque se escucha mejor nada mas asi

Os comentários de Natália sublinham a importância das actividades para a aquisição dos dispositivos de coesão visados. Ela reconheceu que não basta ouvi-los se quisermos "apanhá-los". Da mesma forma, Ernst refere que foi mais dinâmico, fácil e eficaz aprendê-los durante as actividades. Complementarmente ao que Natalia e Ernst disseram, Edward reflecte sobre o uso e a complexidade dos dispositivos coesivos visados. Afirma "porque não são tão comuns... normalmente utilizamos outras palavras para as substituir, por exemplo, *e* são mais fáceis do que estas." Além disso, Beckham apercebe-se dos ligadores que faltam no seu discurso oral e compreende onde e como os utilizar. Ele afirma "pues con este ejercicio me di cuenta de que me faltaba decir mas por ejemplo *while, however* y practicandolas pues ya sabes donde ocuparlas y como ocuparlas."

Os alunos concordaram que é importante ensinar os dispositivos coesivos na sala de aula através de uma abordagem explícita; caso contrário, não os adquiririam ou utilizariam dispositivos menos complexos. Além disso, ao praticá-los, eles já sabiam como e onde usá-los. Tal como Jones e Carter (2014), no seu estudo *"Teaching Discourse Markers Explicitly",* concluem que "as metodologias de ensino explícito têm, de facto, algum impacto na língua que os alunos adquirem, que nem sempre podem 'apanhar' no ambiente de língua inglesa" (p. 50)

Além disso, Rahimi (2012), no seu estudo, conclui que

> ...os participantes (...) que foram expostos a uma forma implícita de ensinar marcadores discursivos não mostraram usar marcadores discursivos com frequência. Em contrapartida, os alunos (...) que receberam instrução explícita sobre marcadores discursivos demonstraram utilizar frequentemente marcadores discursivos no seu discurso
>
> (p. 70)

Em suma, pode concluir-se que o ensino explícito dos marcadores discursivos ou dos dispositivos de coesão é necessário para os reconhecer e, consequentemente, para os adquirir, a fim de os utilizar quando se fala, quer durante um teste, quer na vida quotidiana.

4.2.3 Quanto à eficácia das actividades

Esta secção trata das opiniões dos participantes sobre as estratégias que consideraram mais eficazes ou úteis para aprender e compreender o uso de dispositivos coesivos. Quando se trata de auto-correção, a consciência dos participantes sobre a forma como falam torna-se um aspeto inerente. Por conseguinte, o registo do desempenho dos alunos é um fator essencial para este fim. Como Ernst menciona, "yo creo que de las actividades mas utiles fueron grabarme a mi mismo porque me dieron la oportunidad de ver como hablo y pues de revisarme a mi mismo." Da mesma forma, numa das reflexões de Beckham, ele fala especificamente da área da oralidade, ou seja, fluência, vocabulário ou gramática, em que é capaz de destacar os seus erros e, consequentemente, corrigi-los.

> **Beckham**
>
> Por exemplo, o facto de nos agarrarmos a nós próprios com o uso destas frases que nos foi dito, porque é mais próximo do que este que é o exame, a parte oral, a parte 2, em particular, e o que ouves, e, uma vez que tenhas um erro, é na fluidez, no vocabulário, na gramática que podes corrigir e ver o que te falta.

Ernst e Beckham parecem concordar que a gravação do discurso falado para verificar erros e corrigi-los é a atividade mais útil. Este pressuposto é também apoiado pelo estudo de Yoshimi (2001), no qual a "apresentação e explicação explícita dos MD, seguida de uma prática e feedback corretivo, ajudou os alunos a usá-los" (citado em Jones & Carter, 2014, p. 41).

4.2.4 Relativamente aos dispositivos de coesão utilizados pelos participantes durante os pré e pós-testes

Os quadros seguintes apresentam os dispositivos coesivos aditivo-adversativos utilizados pelos alunos durante o pré e o pós-teste.

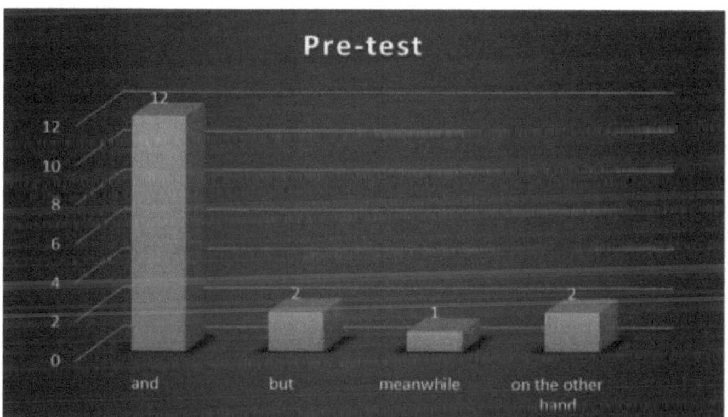

Quadro 5: Resultados do pré-teste

Como se pode observar, durante o pré-teste, a conjunção mais utilizada foi *e*. É importante salientar que esta conjunção foi contabilizada quando podia ser substituída por uma conjunção adversativa. O número total de vezes que foi utilizada foi 12. Em contrapartida, no pós-teste, a conjunção mais utilizada foi, de longe, *enquanto*. Este resultado coincide com o resultado da lista de verificação de observação (ver Anexo 12) utilizada na última semana do plano de ação. Assim, pode parecer que os alunos mudaram e com a conjunção *enquanto*. Além disso, parece que esta conjunção foi a mais fácil de adquirir devido ao grande número de vezes que foi utilizada, como se pode observar na tabela 5 abaixo.

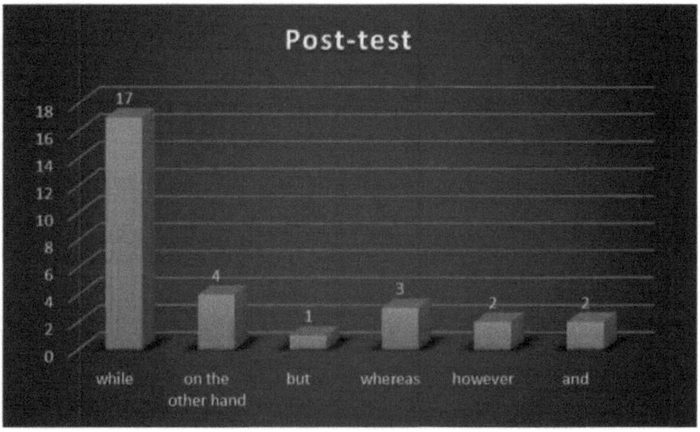

Table 6: Resultados do pós-teste

Um resultado importante foi o facto de os participantes parecerem estar mais à vontade quando utilizaram outros dispositivos, como *whereas, however, on the other hand* e, obviamente, *while*. Por conseguinte, pode inferir-se que, embora os alunos utilizassem mais *o while*, eram capazes de utilizar corretamente estes outros dispositivos.

CAPÍTULO 5

Debate e reflexões

Neste capítulo, é apresentada uma revisão geral do processo de estudo. De seguida, são explicadas as limitações que emergiram deste estudo. Além disso, é mencionada uma conclusão sobre a importância de ensinar os dispositivos coesivos através de uma abordagem explícita, de modo a melhorar a capacidade de expressão oral dos alunos. Finalmente, é discutida uma reflexão sobre o que pode ser necessário para um próximo ciclo de investigação-ação.

5.1 Revisão

Para identificar o problema na minha prática pedagógica atual, foi realizada a investigação inicial, que consistiu na redação de um diário e na aplicação de questionários, bem como de um pré-teste de expressão oral. Os participantes pareciam ter problemas em ligar ideias ao falar. Além disso, a maioria deles utilizava apenas as palavras de ligação que um nível B2 (QECR) considera básicas. Por conseguinte, o problema foi reduzido à questão de saber como melhorar a utilização, pelos alunos, de dispositivos coesivos adversativos mais complexos *(enquanto, ao passo que, por outro lado, no entanto)* quando são examinados a falar durante um teste de língua B2. Foi elaborado um plano de ação para resolver este problema. O plano de ação foi avaliado através de uma lista de verificação de observação, de um pós-teste de expressão oral, que foi gravado em áudio e transcrito, e de uma entrevista semi-estruturada. Com base nos dados recolhidos, os resultados indicaram que a maioria dos alunos parece ter melhorado a sua fluência e coerência ao falar, graças à utilização de dispositivos coesivos. Este facto foi também reconhecido durante as entrevistas, nos comentários dos participantes sobre a utilidade dos dispositivos coesivos para tornar o seu discurso mais compreensível e sem esforço. Além disso, alguns participantes concordaram que é necessário ensinar explicitamente esta caraterística da língua. Caso contrário, seria mais difícil adquirir dispositivos coesivos apenas ouvindo a conversa do professor. Além disso, uma instrução explícita enriquece a consciência dos participantes sobre estas caraterísticas linguísticas e ajuda-os a perceber como as utilizam. Por último, com base nas transcrições do pós-teste, o recurso de ligação que os alunos mais utilizaram foi *"enquanto*

5.2 Implicações

O ensino de dispositivos coesivos é bastante comum quando se pratica a competência de escrita. No entanto, na expressão oral, é menos comum. Por conseguinte, este estudo pode motivar os professores de línguas a ensinar os dispositivos coesivos de forma mais explícita, a fim de melhorar as competências orais dos alunos. Além disso, ensiná-los nesta competência pode ter um impacto na produção escrita dos alunos. Assim, este aspeto mereceria ser analisado. Para além disso, os resultados deste estudo demonstraram que os participantes mostraram uma tendência para usar mais o *while* do que os outros dispositivos coesivos *(however, whereas, on the other hand).* Talvez valha a pena pedir aos participantes que tentem usar também os outros, ou seja, uma variedade de dispositivos coesivos durante a realização de um teste.

5.3 Limitações deste estudo

Uma das limitações que este estudo apresentou foi o facto de não ter sido administrado um pós-teste tardio. Por conseguinte, não existem dados que permitam verificar se os participantes continuam a utilizar os dispositivos coesivos visados após um longo período de tempo. Outra limitação foi o facto de este estudo se ter centrado apenas nos dispositivos coesivos adversativos. Existem outras classificações de dispositivos coesivos, como a *adição, a consequência, a informação sobre a ordem* e *os marcadores discursivos,* que não foram visados neste projeto. Por último, este estudo centrou-se na Parte 2 *(turno longo)* do teste de expressão oral do FCE. No entanto, existem outras três secções nesta parte do teste, para as quais os candidatos também têm de estar preparados.

5.4 Conclusões

A preparação dos alunos para os exames é um desafio para os professores de inglês. É necessário preparar os alunos de uma forma mais eficaz. Por conseguinte, este estudo pode ter um impacto positivo na prática dos professores, especificamente no que respeita a esta área do exame Cambridge ESOL. É fundamental ajudar os alunos a comunicar eficazmente, utilizando um leque variado de palavras. A aquisição dos dispositivos ensinados neste estudo parece ajudar a atingir este objetivo. Em qualquer tipo de exame, os alunos devem mostrar um certo domínio da língua, consoante o nível que possuem. Os participantes deste estudo teriam o desempenho esperado nos exames depois de terem trabalhado com os dispositivos de coesão mencionados, de modo a saberem como lidar com um exame FCE. Além disso, depois de ensinar estes dispositivos através de uma abordagem explícita, parece ser essencial prestar mais atenção, não só à parte escrita de um exame, mas também à parte oral. Em particular, a organização das ideias ajuda os alunos a falar de forma mais fluente e coerente, o que os ajudaria a comunicar mais eficazmente, não só num exame, mas também na vida real.

5.5 Caminhos a seguir

Esta investigação-ação centrou-se apenas numa classificação de dispositivos coesivos. Por isso, num segundo ciclo, poder-se-ia focar outra classificação de dispositivos coesivos, para que os alunos os possam utilizar noutras partes do teste de expressão oral. Além disso, como já foi referido, este projeto de investigação-ação incidiu sobre a Parte 2 *(turno longo)* do teste de expressão oral do FCE. Um segundo ciclo deste projeto de investigação-ação pode centrar-se nas outras partes do teste. Estas partes podem ser a Parte 3 *(tarefa colaborativa),* na qual os marcadores discursivos também são importantes, e a Parte 4 (discussão).

Referências

Arksey, H. e Knight, P. (1999). Interviewing for Social Scientists. Londres: SAGE publications.

Burns, A. (2010). *Doing Action Research in Language English Teaching a Guide for Practitioners [Fazer investigação-ação no ensino da língua inglesa: um guia para profissionais].* REINO UNIDO:

Routledge Taylor & Francis Group

Capel, A. e Wendy, S. (2014). Objective First Student's Book with Answers (Livro do aluno com respostas). REINO UNIDO: Cambridge University Press

Cohen, L., Manion, L., e Morrison, K. (2000). *Métodos de Investigação em Educação.* USA: RoutledgeFalmer

Farrell, S. C. T. (2007). *"Action Research" em Reflective Language Teaching: From Research to Practice, (páginas 94-106) Continuum.* Obtido em: http://www.reflectiveinquiry.ca/wp-content/uploads/2013/11/Action-research- chapter-Farrell.pdf

Febriyanti, R. E. (2011) *O ensino da oralidade em inglês como língua estrangeira: Problemas e soluções.* Universidade de Lambung Mangkurat.

Capel, A. e Sharp, W. (2014) *Objective First.* Imprensa da Universidade de Cambrigde. Itália

Frank, J. (2012). *Adicionando coerência ao discurso falado usando marcadores de discurso.* Recuperado de: http://www.developingteachers.com/articles_tchtraining/discoursepfjonny.htm

Fried-Booth, D. L. (2002). *FCE Practice Tests Plus.* Londres: Longman

Fulcher, G. (2013). *Simpósio sobre avaliação da fala: Fluência.* Universidade de Leicester. Recuperado de: http://events.cambridgeenglish.org/cambridge- english-centenary-symposium/files/fulcher-fluency.pdf

Gebhard, J. G. e Oprandy, R. (1999). *Language teaching awareness a Guide to Exploring Beliefs and Practices [Consciência do ensino de línguas: um guia para explorar crenças e práticas].* NY: Cambridge University Press

Gillham, B. 2000. The Research Interview. Londres: Continuum

Halliday, M.A.K., e Hassan, R. (1976). *Cohesion in English.* London: Longman

Hedge, T. (2000). *Teaching and Learning in the Language Classroom (Ensino e aprendizagem na sala de aula de línguas).* Oxford: Oxford University Press

Hughes, J. e Naunton, J. (2015). Spotlight on First. China: National Geographic Learning

Jones, C. e Carter, R. (2014). *Ensinando marcadores discursivos de forma explícita: A Comparison of III and PPP.* Revista Internacional de Estudos Ingleses. UES, vol. 14 (1), 2014, pp. 37-54. Universidade de Murcia. Recuperado de: http://files.eric.ed.gov/fulltext/EJ1042851 .pdf

Lee e Hsie (2004) *Discourse Marker Teaching in College Conversation Classrooms: Focus on Well, You know, I mean.* Programa TESOL do Departamento de Inglês. Universidade Nacional Normal do Taiwan

Macintyre, C. (2000). *A arte da investigação ação nas salas de aula.* Londres. David Fulton

McCarthy, M. (1991). *Discourse Analysis for Language Teachers (Análise do discurso para professores de línguas).* REINO UNIDO: Cambridge University Press

Miskovic, M., Efron, E.S., e Ravid, R. (2012). *Action Research in Action: from University to School Classrooms.* EUA: Education Research International. Volume 2012 (2012), Artigo ID 389736. Recuperado de: http://dx.doi.org/10-1155/2012/389736

Mora, I. e Goodwin, D. (2012). *Métodos alternativos para a realização de investigação qualitativa.* México: Universidad de Guanajuato

Nazara, S. (2011) A perceção dos alunos sobre o desenvolvimento da capacidade de falar em EFL. Journal of English Teaching, Volume 1, Número 1, fevereiro de 2011. Universidade Cristã da Indonésia

Neary-Sundquist, C. A. (2013). *O Desenvolvimento da Coesão num Corpus de Alunos.* Departamento de Estudos Ingleses. SSLLT 3(1) 109-130. Recuperado de: https://repozytorium.amu.edu. pl/jspui/bitstream/10593/6572/1/SSLLT%203%281 %29%20109-130%20Neary-Sundquist.pdf

Rahimi, F. (2012). *The Effect of Explicit Instruction of Discourse Markers on the Quality of Oral Input (O Efeito da Instrução Explícita de Marcadores Discursivos na Qualidade do Input Oral).* Revista Internacional de Linguística Aplicada e Literatura Inglesa. ISSN 2200-3452, Vol. 1 No. 1; May 2012 Retrieved from: http://www.journals.aiac.org.au/index.php/IJALEL/article/view/693

Richards, J.C. e Lockhart, C. (1996). *Reflective Teaching in Second Language Classrooms (Ensino Reflexivo em Salas de Aula de Segunda Língua).* Estados Unidos da América: Cambridge University Press

Richards, J. C. (2008). *Teaching Listening and Speaking: From Theory to Practice.* Estados Unidos da América: Cambridge University Press

UCLES. (2009). *TKT1. Descrever competências e subcompetências linguísticas.* Exames ESOL da Universidade de Cambridge. Recuperado de: http://www.finchpark.com/ courses/tkt/ Unit_05/language_skills.pdf

Schmitt, N. (2008). *Artigo de investigação: Instructed Second Language Vocabulary Learning. Language Teaching Research 12, 3; pp. 329-366.* Sage. Recuperado de: http://ltr.sagepub.eom/ content/12/3/329. abstract

Sun, W. (2013). *A importância dos marcadores discursivos na aprendizagem e no ensino do inglês.* Teoria e Prática em Estudos da Linguagem, Vol. 3, No. 11, pp. 2136- 2140. Recuperado de: http://www.academypublication.com/issues/past/tpls/vol03/11/29.pdf

Taylor, L. (2003) *Stakeholders in Language Testing.* Notas de investigação. Cambridge ESOL. Recuperado de: http://www.CabridgeESOL.org/researchnotes

Apêndice 1: Questionário

El objetivo de este cuestionario es para conocer mejor tu opinión acerca de tus propias fortalezas en cuanto a tu nivel de inglés, así como lo que más se te dificulta. Esto me servirá para desarrollar actividades que mejoren tu adquisición de la lengua inglesa. Este cuestionario **anónimo** y para uso exclusivo del maestro de inglés.

Muchas gracias por tu cooperación. ☺

1. Ordena las siguientes actividades según su grado de dificultad, en tu opinión, con respecto al uso del inglés (1 para el más difícil y 6 para el más fácil).

____ Escribir un enunciado
____ Entender cuando alguien me hace una pregunta
____ Entender un párrafo sobre un tema que no conozco
____ Contestarle a alguien cuando me hacen una pregunta (aunque la haya entendido)
____ Comprender una palabra desconocida basándome en el contexto del texto.
____ Leer en voz alta un párrafo

Explica porqué "1" te resulta el más difícil:

____

____

____

2. Ordena las siguientes actividades según su grado de dificultad, en tu opinión, con respecto al uso del inglés (1 para el más difícil y 4 para el más fácil).

____ Comprender la idea general de un texto sin prestar atención a cada palabra.
____ Comprender la idea general de algo que se haya dicho sin prestar a cada palabra.
____ Decir algo que hayas escuchado con tus propias palabras.
____ Escribir algo que hayas leído usando diferentes palabras.

Explica porqué "1" te resulta el más difícil:

____

____

____

3. Ordena las siguientes actividades según su grado de dificultad, en tu opinión, con respecto al uso del inglés (1 para el más difícil y 4 para el más fácil).

____ Comprender información específica de un texto
____ Comprender información específica de algo que se haya dicho
____ Expresar tus ideas sobre un tema, problema, situación en forma oral
____ Expresar tus ideas sobre un tema, problema, situación en forma escrita

Explica porqué "1" te resulta el más difícil:

____

____

____

Baseado no TKT1 da Universidade de Cambridge. Descrever as competências e subcompetências linguísticas. (2009) UCLES

Anexo 2: Amostras das respostas dos alunos ao questionário

"[...] no práctico mucho el inglés y es **difícil para mí hilar las ideas**"
"porque tardo **en juntar mis ideas** en inglés, ya que casi no práctico [...]"
"**porque no sé si lo estoy diciendo bien, o si tiene relación**"
"porque me cuesta trabajo **hilar palabras**"
"[...] lo que más se me dificulta es hablar **y dar mi punto de vista**"

Apêndice 3: Teste de leitura

1. **Vais ler um excerto de um artigo de jornal. Das perguntas 1 a 6, escolhe a resposta (A, B, C ou D) que, na tua opinião, melhor se adequa ao texto. (12 pontos)**

1. Qual é o problema que a escritora tem no início das suas férias?

A O escritor não é suficientemente bom para pintar.

B Ela trouxe os materiais errados com ela.

C Não há animais para pintar.

D Ela não se lembra das cores exactas.

2. A escritora escondeu o seu trabalho porque

A ela acreditava que o Royale pintava melhor.

B não era suficientemente bom para vender.

C ela pensou que iria desiludir o Royale.

D foi apenas um esboço rápido.

3. O que é que o escritor quer dizer com a frase "what I am up to" nas linhas 38-39?

A o que estou a pintar

B o que lhe vou dar

C o que lhe posso ensinar

D o que poderei fazer

4. O que é que a escritora diz sobre as suas anteriores férias de pintura?

A Ela preferia a professora que tinha tido nessa altura.

B A paisagem era-lhe mais familiar.

C A sua técnica melhorou muito mais rapidamente.

D Conseguiu completar vários quadros.

5. O autor afirma que Susan Scott-Thomas

A olha para as coisas de uma forma diferente da dela.

B é uma pessoa muito capaz.

C não é tão bom a cozinhar como ela.

D era advogado antes de ir para África.

6. Qual é o título adequado para o artigo?

A Umas férias sem sucesso

B Pintar o mundo natural

C Aprender a trabalhar com os outros

D. Viajar para um país diferente

By the middle of the second day I know I'm in trouble. In front of me the land stretches up and away towards a distant hill, and into the space, between that summit and me, is crowded one of the most vivid concentrations of colour I have ever seen. It starts with the trees. The wet season is only a few weeks off and, almost as if they can smell the coming rains, they have put out their leaves. They are no ordinary green and the dry Grasses beneath them are ablaze with golds, browns and reds. I want to recreate this scene with watercolours. Although I can make a try at it with words, trying to paint it in my sketch book is another matter altogether. I've already made one attempt: a series of zigzags in orange and red, with bluish trees placed across them, which now lies face down in the grass beside me.

I've put it there because the last thing I want right now is for someone else to come along and look at it. A young man called Royale walks up the hill. Royale is a sculptor, and, with several other local men, producers pieces of work in the local stone. Recently, and quite suddenly, this work, and that of several other local co-operatives, has acquired an international reputation. I certainly don't want a man capable of such things looking at my own awful brush-strokes. So I put my foot, as casually as I can, on the finished painting beside me and we resume the conversation started earlier in the day.

I want to talk to Royale about his life here. He, however, is only interested in what I am up to. To begin with, it seems that he considers me a fellow artist, and for a moment I find myself starting into the depths of embarrassment. But when he asks me, 'What is painting like?' I realise that this professional artist has never painted anything in his life before. He just wants a go with my colours.

When I signed up for this holiday, I was hopping for an experience like the one I had had four years earlier in Wales. That was my first painting holiday, and I loved it. Two things made it great. First was the teacher, a man called Robin, who showed me that what is important about drawing and painting is not the finished article but the process of completing it. The second element of that week was the place. I grew up in places like that, and I connected with it immediately. But it was stupid of me to think that I could reproduce the experience down here, deep in the Southern Hemisphere. Zimbabwe is not part of me, nor I of it. Trying to draw it for the first time, from a standing start, is like trying to start a conversation in Swahili.

There were compensations. The holiday Was wonderfully organised by a friend of mine – Susan Scoot-Thomas. Admittedly, there are some rather large differences between us – she's extremely wealthy and she inherited a farm in Africa when she was in her mid-twenties, and instead of taking the easy option of becoming a solicitor and staying in London, she came out to reclaim the land and rebuild the decaying farmhouse. In the process, she learnt how to lay foundations and make clay bricks. All of which she did while I was just about mastering making sauce for pasta.

Even my disastrous painting didn't detract from enjoying the holiday. Painting really forces you to look at things, to consider their shape and colour. And even if it is a disaster, that process of looking and thinking and transferring those thoughts into movements of your hand leaves an imprint of what you have seen.

Taken from: Capel, A. and Wendy, S. (2014) Objective First Student's Book. UK: CUP

II. Vais ler um artigo de revista em que quatro pessoas falam sobre condução. Para as perguntas 1-10, escolhe uma das pessoas (A-D). As pessoas podem ser escolhidas mais do que uma vez. (10 pontos)

Que pessoa

chose a car that disappointed a family member?	1	
couldn't really afford their chosen car?	2	
used to imagine driving somewhere fast at night ?	3	
had to consider the size of the car before buying it?	4	
qualified as a car driver in order to compete?	5	
complains about their car?	6	
had an accident in their car?	7	
gives someone close to them a regular lift ?	8	
knows a lot of information about certain cars?	9	
intends to keep their car despite some disagreement ?	10	

Me and my wheels

Four people talked to us about their favourite vehicles.

A Brett

I dreamt about having the car I drive now when I was at school and almost ruined myself financially to buy it! When I first got it, it had a really loud sound system, and I reversed into a branded-new car because I couldn't hear the horn beeping at me to stop. My best moment was when I was at the Glastonbury Festival and drove it up the hill there after dark. The whole site below was blinking with lights and it was fantastic. My wife isn't a big fan and used to complain about how uncomfortable it was on long journeys. Now that we've got a kid, pressure has been put on me to get rid of it, but I refuse to go that far. We are getting another family car though.

B Simon

As a child, I used to love memorising facts and few delighted me as much as those about cars. I can still produce all sorts of trivia about 0-60 acceleration times, top speeds, and the engine sizes of all the fastest and most exciting cars. I'm very fond of car magazines because of that, and I go through as many as I can get my hands on! Whenever I visit Britain, I pick some up and enjoy the deliciously technical writing and wonderful shots of car interiors – all those dials! If I couldn't get to sleep as a teenager, I'd pretend to be doing a long journey in the dark in an open-top sports car. But do you know what I currently drive? A VW estate with a small engine. It won't do; I must change my life.

C Marie

I haven't always had four wheels and, in fact, I only learned to drive a car three years ago. I passed my test quite quickly after that and was lucky enough to be given my car – a Mazda sports – as a present. It's very quick off the mark. I really switched to cars instead of bikers in order to join Formula Women, an organisation that's been set up to encourage more women to go into racing. I love the challenge of it all and I know my biking days have helped me to find the best racing line on the track. Dad comes to all my races and likes to get the crowd behind me! Mum used to worry about danger involved but she's OK about it now, and she thinks I'm a good road user. Once a week I come and collect her in the Mazda and we go off to do the out-of-town shopping bit together.

D Sonja

My mum was almost in tears when I said I was going to buy the Mini. I'd previously owned and open-top Audi, which she loved being driven around in, but I felt it was time to downsize. I must admit I felt some sadness, knowing I wouldn't be able to drive with the wind whipping through my hair. But I soon got attached to the Mini. When I went for a test drive in one to see if it was really suitable, I realised that they are actually very roomy. Even my husband can fit in it and he's incredibly tall. It's faster than you'd think and I've already received three points on my licence for speeding, unfortunately. My favourite journey is driving home each evening during spring and autumn just as the light starts to fade.

Taken from: Capel, A. and Wendy, S. (2014) Objective First Student's Book. UK: Cambridge University Press

III. Vais ler um artigo de uma revista sobre o Festival de Glastonbury. Foram retirados seis frases do artigo. Escolhe, de entre as frases de A a G, a que corresponde a cada lacuna (1 a 6). Há uma frase extra que não precisa de utilizar (12 pontos).

Glastonbudget - o principal evento do calendário musical para bandas de tributo

O Festival Glastonbuty, que se realiza na Grã-Bretanha no final de junho, oferece um alinhamento impressionante de bandas famosas durante quatro dias, mas os bilhetes não são baratos, custando cerca de 200 libras. Glastonbudget, como o nome sugere, é um festival de música de baixo preço que se especializa em reservar bandas de tributo. Uma banda de tributo executa as canções, ou 'versões cover', do grupo particular que admira, geralmente copiando a aparência do grupo de perto e às vezes tocando a música muito bem. O nome da banda de tributo é muitas vezes deliberadamente semelhante ao da banda original, por exemplo, Dread Zeppelin é uma versão reggae dos Led Zeppelin. Existem bandas de tributo em todo o lado: Umma Gumma no Brasil, Mun Floyd em Itália, Pink Division na Noruega e The Pink Tones em Espanha são apenas quatro das muitas bandas de tributo aos Pink Floyd.

O Glastonbudget foi idealizado em 2003 por Nick Tanner, que gere um pub numa aldeia em Leicestershire, e pela sua irmã. **(1)..............Nick** adorava realizá-lo, pois rendia o dobro do dinheiro de uma abertura normal. Como o pub não era suficientemente grande para acolher muitas mais pessoas, Nick sugeriu que se procurasse outro local. Um ano mais tarde, encontravam-se num campo, depois de terem gasto 160.000 libras na criação do primeiro festival Glastonbudget. **(2).............Devido** a uma combinação de trabalho árduo, donativos e boa vontade da comunidade local, as vendas de bilhetes aumentaram de forma constante. Atualmente, é um evento com lotação esgotada, para além de ser o maior festival de tributo e de nova música da Europa.

Tal como acontece com as companhias aéreas de baixo custo, existe um sistema de venda de um número limitado de bilhetes a baixo preço; dependendo do momento da reserva, é possível comprar um bilhete de fim de semana por apenas 99 pence. (3) Mesmo que não se trate de grandes nomes, é uma alternativa muito atractiva a Glastonbury.

As pessoas que participam no Glastonbudget comentam frequentemente não só a sua boa organização, mas também a atmosfera de comunidade que se vive no evento. (4)......... Poucos festivais se podem gabar de ter um alinhamento que inclua Coldplay, Guns N' Roses, The Foo Fighters e The Killers. O Glastonbudget também não, embora se aproxime bastante: Coldplace, Guns 2 Roses, The Four Fighters e The Fillers foram os que mais tocaram no palco principal este ano.

Outra atuação popular no Glastonbudget deste ano foi Iziggy, formada pelo camionista Brian Spiers, depois de os colegas de trabalho terem apontado a sua incrível semelhança com Iggy Pop. Brian - que foi assediado num recente espetáculo de Iggy And The Stooges em Londres - explicou que teve de baixar três tamanhos de calças de ganga e ter algumas aulas de canto antes de começar a banda.

(5)......... Está a planear removê-las por laser, eventualmente.

(6)......... Desde o segundo ano do festival, os organizadores têm vindo a incluir cada vez mais jovens, bandas locais emergentes. Estreitamente associado ao Soar Valley Music Centre, o festival também oferece formação a jovens em diferentes aspectos da indústria musical.

A Glastonbudget isn't just about tribute bands though.

B Despite losing money on that occasion, the festival has gone from strength to strength ever since.

C Having chosen such diverse bands, the organisers were confident of success from the start.

D Near or total strangers become part of a genuinely music-loving festival and enjoy some entertaining bands.

E He also has to spend £50 per gig buying make-up to cover his tattoos because his here doesn't have any.

F The two were discussing ways to expand the monthly tribute band night.

G This rises to a maximum of just over £50, which includes camping and parking.

Extraído de: Capel, A. e Wendy, S. (2014) Objective First Student's Book. REINO UNIDO: Cambridge Imprensa universitária

Apêndice 4: Amostra do pré-teste de expressão oral

Part 1

2 minutes (3 minutes for groups of three)

Good morning/afternoon/evening. My name is ………… and this is my colleague ………… .

And your names are?

Can I have your mark sheets, please?

Thank you.

- Where are you from, *(Candidate A)*?
- And you, *(Candidate B)*?

First we'd like to know something about you.

Select one or more questions from any of the following categories, as appropriate.

People you know

- **Who are you most like in your family? Tell us about him/her.**
- **Do you have a best friend? ….. (What do you like about him/her?)**
- **Who do you spend time with after school? ….. (What do you do together?)**
- **Tell us about a good teacher you've had.**

Things you like

- **What's your favourite subject at school? ….. (Why do you like it?)**
- **Do you like reading? ….. (What do you like to read?) ….. (Why?)**
- **Do you enjoy using the internet in your free time? ….. (Why? / Why not?)**
- **Tell us about the things you like doing at the weekend.**

Places you go to

- **Do you like your school? ….. (Why? / Why not?)**
- **Are there any nice places to go in (*candidate's area*)? ….. (What are they?) ….. (Why do you like them?)**
- **Have you been anywhere nice recently? ….. (Where did you go?) ….. (Why?)**
- **Where would you like to go for your next holiday ….. (Why would you like to go there?)**

1 Trying to win 2 Spending time outside	Part 2 4 minutes (6 minutes for groups of three)

Interlocutor In this part of the test, I'm going to give each of you two photographs. I'd like you to talk about your photographs on your own for about a minute, and also to answer a question about your partner's photographs.

(Candidate A), it's your turn first. Here are your photographs. They show **people trying to win in different situations.**

*Place **Part 2** booklet, open at **Task 1**, in front of Candidate A.*

I'd like you to compare the photographs, and say **what you think might be difficult for the people about trying to win in these situations.**

All right?

Candidate A *1 minute* ....

Interlocutor Thank you.

(Candidate B), **which sport would you prefer to do? ..... (Why?)**

Candidate B *approximately 30 seconds* ....

Interlocutor Thank you. (Can I have the booklet, please?) *Retrieve **Part 2** booklet.*

Now, *(Candidate B)*, here are your photographs. They show **people spending time outside in different situations.**

*Place **Part 2** booklet, open at **Task 2**, in front of Candidate B.*

I'd like you to compare the photographs, and say **what you think the people are enjoying about spending time outside in these situations.**

All right?

Candidate B *1 minute* ....

Interlocutor Thank you.

(Candidate A), **which of these things would you prefer to do? ..... (Why?)**

Candidate A *approximately 30 seconds* ....

Interlocutor Thank you. (Can I have the booklet, please?) *Retrieve **Part 2** booklet.*

What are the people enjoying about spending time outside in these situations?

2

What might be difficult for the people about trying to win in these situations?

1

21

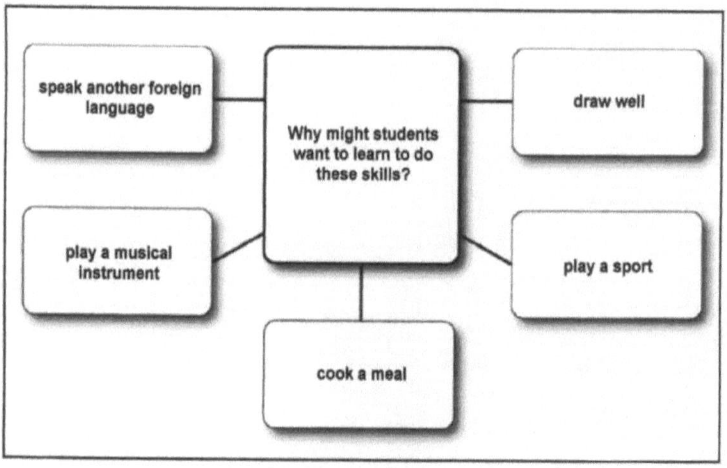

21 After-school classes

Part 3 4 minutes (5 minutes for groups of three)
Part 4 4 minutes (6 minutes for groups of three)

Part 3

Interlocutor Now, I'd like you to talk about something together for about two minutes *(3 minutes for groups of three).*

I'd like you to imagine that a school is going to start some after-school classes to encourage their students to learn new skills. Here are some ideas for the classes and a question for you to discuss. First you have some time to look at the task.

*Place **Part 3** booklet, open at **Task 21**, in front of the candidates. Allow 15 seconds.*

Now, talk to each other about **why students might want to learn to do these skills.**

Candidates *2 minutes (3 minutes for groups of three)* ....

Interlocutor Thank you. Now you have about a minute to decide **which two would be the easiest to learn to do well?**

Candidates *1 minute (for pairs and groups of three)* ....

Interlocutor Thank you. (Can I have the booklet, please?) *Retrieve **Part 3** booklet.*

Retirado de First for Schools (2015). Speaking Sample paper. Manual para professores. Cambridge English

Apêndice 5: Transcrições do pré-teste, Parte 2

Beckham
Well in both pictures we see people travelling but in different *moods* in the first photograph people are traveling by train they are... and in the second by air plane in the first picture the people seems like bored in the second they are just (...) arriving to the air plane the difference between the pictures are that the second picture is like more expensive to travel by and I think that the first picture it's just like (... *hesitation*) [time finished]

Marcelo
In the first picture I think it's a museum because we can see a lot of well tree pictures it seems quite empty because I can see just a man and a woman in the second picture I can see a woman looking for their clothes I think it's on a market maybe a small shop eh we can see it's looking clothes for her own like dresses and more eh like not for eh ( ) I think the first one they are looking to the pictures because they are interested on art or they are maybe [time finished]

Carolina
So well there are one picture they are travelling by bus I think and in the other they are travelling by air plane mm in the first one there are like students and they are boring I think + in the second one there are eh people more age and they are I think that their travel is about to *work* or something like that eh (hesitation) (...) also in the first one they are with their phones and in the second one they are (time finished)

Maggie
Ok in one picture there is like a gallery art gallery and one woman it's looking at ( ) and a guy who is looking like a city and in the other photograph it's a woman like shopping eh a t-shirt and it's in a shop and it's like deciding if she likes it or if she doesn't like it and ok in the first one picture it doesn't seem like you have a lot of *paintings* ( ) and in the other it's a lot of stuff a lot of clothes

Sandrine
Well, In the first picture I see a man that is eh in the garden I think he is watching his plants *growing* and he is because it's good to be in this kind of gardens and in the second picture I see people in a big park and maybe they are doing a picnic or well I can see dogs and people running so they are happy and they are spending a Sunday or maybe a weekend mm this picture have a lot of trees and it's in a big city

Apêndice 6: Cartazes sobre séries de televisão populares, Semana 1, Dia 1

Apêndice 7: Exemplos de imagens para o plano de ação, Semana 1, Dia 1

Pair 1

Student A

Student B

Apêndice 8: Exemplos de imagens para o plano de ação, Semana 1, Dia 2

TEST 2, PART 2

Candidate A

1

2

Useful phrases

Candidate A

I think the people in the first photo could be at an airport because they are wheeling a lot of luggage.

And in the other photo the men could be at a station. Perhaps they are getting out of a taxi.

In the first photo the people *are probably* feeling stressed with all their bags and suitcases.

In the second photo the men do not have as many suitcases, but they are probably feeling stressed as well because their suitcases look heavy.

I think people can feel exhausted when they travel because everywhere is so busy, and they have to carry all their things with them. It's not much fun.

Extraído de. Fried-Booth l., Diana (2002). Teste prático do Primeiro Certificado Plus. Espanha: Pearson

Apêndice 9: Atividade de transcrição, Semana 3, Dia 1

Leo
Well, ok I don't know in the first image it seems that the football player suffer an injury and well there is the mm the medical woman I don't know and well it is important to not extend the time of the injury and in the second image it's a woman asking for directions to a policeman so well it is important because you ( ) I don't know ( ) directions.

In the first picture, there is a guy that suffered an injury and it's important to immediatly help him for preventing a high-level injury, whereas
In the second picture, the woman is asking for directions to a policeman, because she might be a foreigner on a different country

I think is very important to help people. because you help them to solve their problems, and thats make's you a good person.

In both pictures we see different professions they share objectives, which is helping people in their needs.

James
In the first picture I can see a lot of people who are eating probably they are in a picnic I don't know but they are happy mm and (while) in the second picture I can see two girls who are walking to the street I think they are come to do shopping eh mm

in Both pictures I can see a lot of people, maybe they are spending time with their friends or family. however in the first picture I can see a group of people gathered, maybe they are family and probably are in a picnic while in the second picture I can see four girls, and I think the girls are walking in a famous street, probably they are on holidays.

I think they enjoy being together, forget about the work, take a break to think, enjoy the nature, and meet new people.

Apêndice 10: Lista de controlo, Semana 3, Dia 1

Trabalhem em pares, ouçam *os candidatos A* e *B* a realizar a tarefa (2), assinalem a *palavra de ligação* que ouvirem e digam se a utilização está *correta* ou *incorrecta. Assinale (S) sempre que os candidatos utilizarem as palavras corretamente e faça uma cruz (x) sempre que as utilizarem incorretamente.*

Pair 1 **Candidate A**				**Candidate B**			
Checklist	**Number of times**	**Correct**	**Incorrect**	**Checklist**	**Number of times**	**Correct**	**Incorrect**
while				While			
whereas				Whereas			
on the other hand				on the other hand			
however				However			
and*				and*			
Pair 2 **Candidate A**				**Candidate B**			
Checklist	**Number of times**	**Correct**	**Incorrect**	**Checklist**	**Number of times**	**Correct**	**Incorrect**
while				While			
whereas				Whereas			
on the other hand				on the other hand			
however				However			
and*				and*			
Pair 3 **Candidate A**				**Candidate B**			
Checklist	**Number of times**	**Correct**	**Incorrect**	**Checklist**	**Number of times**	**Correct**	**Incorrect**
while				While			
whereas				Whereas			
on the other hand				on the other hand			
however				However			
and*				and*			
Pair 4 **Candidate A**				**Candidate B**			
Checklist	**Number of times**	**Correct**	**Incorrect**	**Checklist**	**Number of times**	**Correct**	**Incorrect**
while				While			
whereas				Whereas			
on the other hand				on the other hand			
however				However			
and*				and*			

Apêndice 11: Caderno de fotografias, Semana 4, Dia 1

Pair 1

Why do you think people choose these types of homes?

Which activity is the best way to enjoy the countryside?

Adapted from Hugh, J. and Naunton, J. (2015). Spotlight on First

Apêndice 12: **Lista de controlo da observação, Semana 4, Dia 1**

FICHA DE OBSERVAÇÃO

Data: 4 de junho[th] Horário: 12:30-13:20

Grupo de inglês: Avançado

Frequência dos alunos: 16

Lista de verificação da utilização de dispositivos de coesão.

Checklist	Number of times	Correct	Incorrect
While	9	9	
Whereas	1	1	
on the other hand	2	2	
However	2	1	1
And	5	5	

Apêndice 13: **Guia de entrevista**

Guía de Entrevista

Buenas tardes. Mi nombre es Carlos Núñez y me gustaría hacerte algunas preguntas acerca de tus percepciones sobre los exámenes de certificación y las recientes actividades que se han estado llevando a cabo durante las clases de inglés. La información obtenida será anónima.

1. ¿Qué opinas acerca de la importancia de obtener una certificación internacional en inglés tales como Cambridge?

2. ¿Podrías mencionar algún beneficio a futuro, ya sea corto o mediano plazo?

En las últimas semanas, realizamos actividades relacionadas con la parte 2 del FCE speaking test.

3. ¿Crees que las palabras o frases *(whereas, while, on the other hand, however)* en las que nos enfocamos son útiles para ti?

¿Por qué sí/no fueron útiles?

4. ¿Crees que las palabras o frases en las que nos enfocamos son difíciles de aprender?

Si la respuesta es sí, ¿podrías explicar porque piensas que son difíciles?

Si la respuesta es no, ¿podrías explicar porque piensas que son difíciles?

5. ¿Crees que la manera en la que estudiamos o practicamos durante las clases fue útil para ti?

¿Por qué si/no?

Si la respuesta es sí, ¿podrías dar un ejemplo de una actividad que haya sido útil para ti?

Si la respuesta es no, ¿podrías mencionar un ejemplo de alguna actividad que quisieras usar durante la clase?

6. ¿Crees que las lecciones te ayudaron a usar las palabras o frases que estudiamos o piensas que las hubieras adquirido o aprendido de todas maneras?

¿Podrías explicar cómo las lecciones te ayudaron a usar las palabras o frases?

¿Podrías explicar porque piensas que no te ayudaron?

7. ¿Te gustaría hacer algún comentario final acerca de las lecciones?

Adaptado de Jones e Carter (2011)

MIX
Papier aus verantwortungsvollen Quellen
Paper from responsible sources
FSC® C105338

Printed by Books on Demand GmbH, Norderstedt / Germany